Roseline Durand
Hélène Harris
Sophie Le Gal
Marie-José Lopes

Sous la direction de
Sylvie Meyer-Dreux

MÉTHODE DE FRANÇAIS 1

Livre de l'élève

CLE
INTERNATIONAL

ORGANISATION D'UN DOSSIER

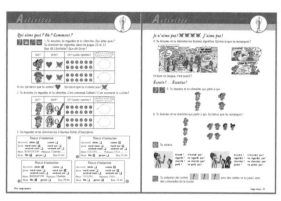

■ Découverte du thème
du dossier

■ **BD1** : *Charlotte à Paris*
Découverte des situations de communication

■ **Activités**
Compréhension et exploitation (lexique, grammaire)

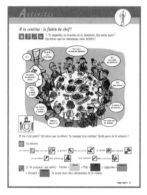

■ **Reportage**
Découverte des situations
de communication
(documents authentiques)

■ **Activités**

■ **BD2** : *Omniberge(3),
Le Rêve de Léonard,
La Fable de la cigale
et du corbeau, La Momie*

■ **Activités**

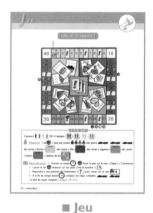

■ **Spectacle**
Chansons et jeux de mots
Phonétique

■ **Boîte à trucs**
Boîte à nombres, boîte
à mots, boîte à phrases

■ **Jeu**
Réemploi, évaluation
Reprise des contenus du dossier

Tu regardes	Tu écoutes	Tu cherches	Tu parles	Tu joues	Tu retiens

© CLE International - VUEF, Paris 2003
ISBN : 2-09-033553-X

Activités

1. Qui parle français ?

   Tu regardes, tu écoutes et tu cherches qui parle français.

 Et toi, tu parles quelle langue ?

2. Qu'est-ce qui est français ?

   Tu regardes, tu écoutes et tu cherches ce qui est français.

3. Qui est-ce ?

   Tu regardes la BD page 4, tu écoutes et tu cherches les personnes qui parlent. Qui est-ce ? C'est une fille ou un garçon ? Montre sur la BD.

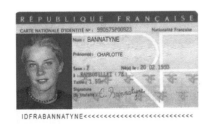 Tu retiens.

 Et toi ?

Nour

Annaëlle

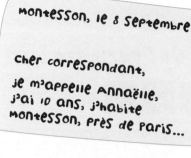

montesson, le 8 septembre

cher correspondant,
je m'appelle Annaëlle,
j'ai 10 ans, j'habite
montesson, près de paris...

Sammy

Nicolas

000   Nouveau message

Envoyer   Associer   Adresses   Polices   Couleurs   Enregistrer comme brouillon

A :   annael.j@fluo.fr

Cc :

Objet :   Re. correspondant

Salut, Annaëlle.
Moi, c'est Nicolas.
J'ai 10 ans.
J'habite Saint-Malo.
À bientôt.
Nicolas

Activités

Tu regardes les lettres de l'alphabet et les chiffres. Tu écoutes
et tu cherches les bonnes étiquettes.

Tu retiens.

a b c d e f g h i j k l m n o p q r s t u v w x y z

A B C D E F G H I J K L M N O P Q R S T U V W X Y Z

a b c d e f g h i j k l m n o p q r s t u v w x y z

CHARLOTTE

charlotte

Charlotte

OMNIBERGE

Bonjour, Inspecteur !

La chanson de l'alphabet

L'ALPHABET PHONÉTIQUE

Boîte à trucs

Boîte à nombres

 0
 1
 2
 3
 4
 5
 6
 7
 8
 9
 10

Jeu

LA BATAILLE NAVALE DE L'ALPHABET

 C5

 A touché!

	1	2	3	4	5	6	7	8	9	10
a	P									E
b	T									
c	V			A	H	K				
d	W									
e				F	L	M	N	R	S	

À toi de jouer!

Matériel : 2 grilles

2 joueurs

Déroulement : Dans une grille 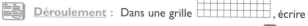, écrire

des lettres 🖉 pour avoir 1 bateau avec 6 cases F L M N R S,

1 bateau avec 4 cases P T V W, 1 bateau avec 3 cases

A H K, 1 bateau avec 1 case E

Tous les bateaux coulés !  Gagné !

C'est la rentrée !

OCTOBRE

SEPTEMBRE

Charlotte à Paris

La rentrée

QUI ? Je ou tu ? Il ou elle ?

1. Tu regardes, tu écoutes et tu cherches.
Que dit Nicolas ?
Que dit Charlotte ?

2. Tu regardes, tu écoutes et tu cherches de qui parle Nicolas. Que dit Nicolas ?

3. Tu regardes les vignettes 3, 4 et 5.
Tu joues les mêmes scènes avec des camarades de la classe.

Activités

  4. Tu regardes les vignettes 1 et 3 page 10, et les dessins.
Tu écoutes et tu cherches le père de Charlotte. Comment s'appelle-t-il ?
Tu écoutes et tu cherches la mère de Gaspard. Comment s'appelle-t-elle ?

① ② ③ ④ ⑤ ⑥ ⑦

Tu regardes la BD page 4, tu regardes les dessins et tu cherches.
Qui est le fils de monsieur et madame Vallois ? Comment s'appelle-t-il ?
Qui est la fille de madame Vouillé ? Comment s'appelle-t-elle ?

① ② ③ ④ ⑤

 Tu retiens.

Moi, je m'appelle Louis.

Toi, tu t'appelles Charles.

Lui, il s'appelle Charles.

Elle, elle s'appelle Zoé.

OÙ ? Dans la cour ou dans la classe ?

  5. À l'école : dans la cour ou dans la classe ? Tu écoutes et tu cherches
où est Gaspard. Où est Oscar ? Où est Charlotte ? Où est monsieur Lindet,
le professeur ? Et toi, où es-tu ?

ÉCOLE JULES FERRY

Liste de matériel
Classes de CM

Nous vous rappelons que la majorité des cahiers et des livres sont fournis par la municipalité. Nous vous demandons de procurer à votre enfant ses autres outils de travail.

Un cartable solide
Une trousse
Une paire de ciseaux
Un tube de colle
Une gomme
Un taille-crayons
Une règle transparente - 20 cm
Un stylo plume
Deux crayons à papier
Un stylo bille bleu
Un stylo bille rouge

Un stylo bille vert
Un stylo bille noir
Une boîte de 18 crayons de couleurs
Une boîte de 12 feutres
Une boîte de peinture
Trois pinceaux nos 6, 8, 12
Un cahier de texte
Un carnet répertoire à petits carreaux
Deux cahiers à grands carreaux
    21 × 29,7 cm
Des étiquettes pour marquer le nom

Activités

  Tu regardes, tu écoutes et tu continues à ranger les articles dans les bons sacs.
Qu'est-ce que c'est ? Qu'est-ce que tu remarques ?

 Tu retiens.

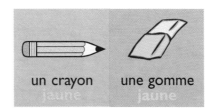

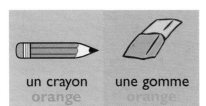

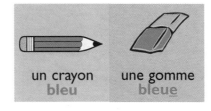

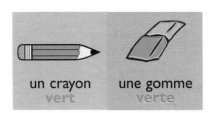

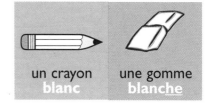

Et dans ta langue ?

Activités

  1. Tu écoutes encore « Le Rêve de Léonard » et tu cherches, page 16, les vignettes où il ne dort pas. Qu'est-ce qu'il dit ?

   2. Tu regardes, tu écoutes et tu cherches dans A ou B.
Qu'est-ce que tu connais ? Qu'est-ce que tu remarques ?

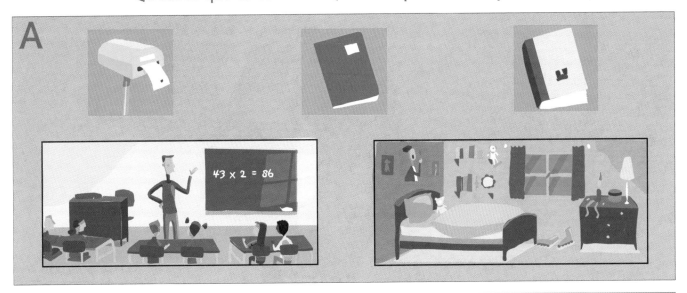

 Tu retiens.

un livre   le livre de littérature   une chambre   la chambre de Léonard

le français   la géographie
l'espagnol   l'histoire

Les belles familles

Louis I
Louis II
Louis III
Louis IV
Louis V
Louis VI
Louis VII
Louis VIII
Louis IX
Louis X (dit le Hutin)
Louis XI
Louis XII
Louis XIII
Louis XIV
Louis XV
Louis XVI
Louis XVIII

Et plus personne, plus rien…
qu'est ce que c'est que ces gens-là
qui ne sont pas foutus de compter jusqu'à vingt ?

Jacques Prévert, *Paroles*, Gallimard.

LA CHANSON DE L'ÉCOLE

À l'école, la grande école
J'apprends des tas de choses
Y'a les maths et le français
Mais aussi d'autres choses

Y'a l'histoire et la géo
Y'a les langues étrangères
Y'a le sport et la musique
Les sciences et les arts plastiques

✂ + 👝 6c + 🔪 = 16 centimes

6 centimes ces ciseaux-ci ● 6 centimes cette trousse-là ● 16 centimes avec la sucette

Lucie et Sylvie sont avec Sophie,
Zoé et Lise sont avec Susie.
Chut… Charles et Richard chuchotent.

Boîte à trucs

Boîte à nombres

11 12 13 14 15 16 17 18 19 20

Boîte à mots

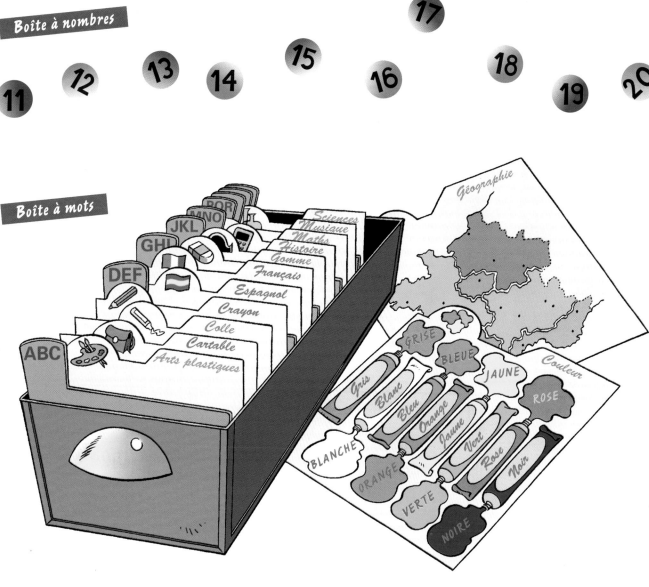

Boîte à phrases

SALUER

Bonjour !
Au revoir !
Salut !

? Ça va ?
+ Oui, ça va, merci.

PRÉSENTER, SE PRÉSENTER

? Qui est-ce ?
+ C'est la fille de monsieur
et madame Bannatyne.
? Comment elle s'appelle ?
+ Elle s'appelle Charlotte Bannatyne.
Elle a 10 ans.
Elle habite Paris, 51 rue des Morillons.
? Et lui, comment s'appelle-t-il ?
+ Il s'appelle Gaspard Brancion.
? Où est-il ?
+ Il est à l'école.
+ Moi, je m'appelle Fluo.
? Et toi, comment
tu t'appelles ?

LE JEU DU CARTABLE

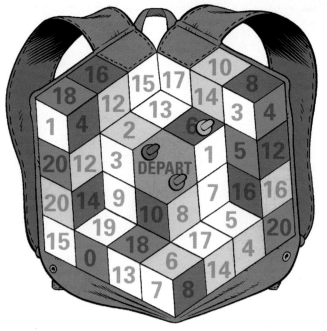

Case 6... Prendre une carte rouge.

Nicolas

1, 2, 3

Fourchelangue

À toi de jouer !

3 équipes de 2 joueurs

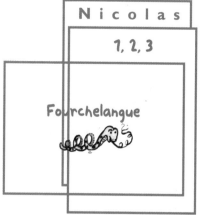

Matériel I pion par équipe   , le plateau du jeu du cartable .

Déroulement 1. Poser le pion sur la case « départ ».

2. Avancer d'une case ⬜. Suivre un chemin de nombres pairs **6** **14** **10**.

3. Sur une case rouge ■, prendre une carte rouge et parler ‹ Dans la cour, Charlotte et... ›.

Sur une case jaune ■, prendre une carte jaune et parler ‹ Dans le cartable de Gaspard... ›.

Sur une case bleue, case gage, ■, prendre une carte bleue et parler ‹ 12/10/8/ 6/4/2 ›.

4. Arriver à la case **20** ! **Gagné !**

Dossier 3

La semaine du goût

Activités

Qui aime quoi ? Où ? Comment ?

  1. Tu écoutes, tu regardes et tu cherches. Qui aime quoi ?
Tu cherches les vignettes dans les pages 22 et 23.
Que dit Charlotte ? Que dit Oscar ?

QUI ?	QUOI ?	OÙ ? Quelles vignettes ?	Qu'est-ce qu'elle dit ? Qu'est-ce qu'il dit ?
	♥ ✗	① ② ③ ④ ⑤ ⑥ ⑦ ⑧ ⑨ ⑩ ⑪ ⑫	
	♥ ✗	① ② ③ ④ ⑤ ⑥ ⑦ ⑧ ⑨ ⑩ ⑪ ⑫	

Et toi, qu'est-ce que tu aimes ? ♥   Qu'est-ce que tu n'aimes pas ? ✗

2. Tu écoutes, tu regardes et tu cherches. C'est comment l'aïkido ? C'est comment la cuisine ?

QUI ?	QUOI ?	OÙ ? Quelles vignettes ?	Qu'est-ce qu'elle dit ? Qu'est-ce qu'il dit ?
		① ② ③ ④ ⑤ ⑥ ⑦ ⑧ ⑨ ⑩ ⑪ ⑫	
		① ② ③ ④ ⑤ ⑥ ⑦ ⑧ ⑨ ⑩ ⑪ ⑫	

3. Tu regardes et tu cherches les 2 bonnes fiches d'inscription.

FEUILLE D'INSCRIPTION ❶

ACTIVITÉ aïkido ☑   cuisine ☐
JOUR mardi matin ☑   mardi soir ☐
      vendredi matin ☐   vendredi soir ☐
NOM. BANNATYNE PRÉNOM. Charlotte
SEXE fille ☑   garçon ☐   ÂGE 10 ans

FEUILLE D'INSCRIPTION ❷

ACTIVITÉ aïkido ☐   cuisine ☑
JOUR mardi matin ☐   mardi soir ☑
      vendredi matin ☐   vendredi soir ☐
NOM. VALLOIS PRÉNOM. Oscar
SEXE fille ☑   garçon ☐   ÂGE 10 ans

FEUILLE D'INSCRIPTION ❸

ACTIVITÉ aïkido ☑   cuisine ☐
JOUR mardi matin ☐   mardi soir ☑
      vendredi matin ☐   vendredi soir ☐
NOM. BANNATYNE PRÉNOM. Charlotte
SEXE fille ☑   garçon ☐   ÂGE 10 ans

FEUILLE D'INSCRIPTION ❹

ACTIVITÉ aïkido ☐   cuisine ☑
JOUR mardi matin ☐   mardi soir ☑
      vendredi matin ☐   vendredi soir ☐
NOM. VALLOIS PRÉNOM. Oscar
SEXE fille ☐   garçon ☑   ÂGE 10 ans

Activités

Je n'aime pas! ✗ ✗ ✗ ✗ J'aime pas!

4. Tu écoutes et tu cherches les bonnes vignettes. Qu'est-ce que tu remarques?

Et dans ta langue, c'est pareil?

Écoute!... Écoutez!

 5. Tu écoutes et tu cherches qui parle à qui.

6. Tu écoutes et tu cherches qui parle à qui. Qu'est-ce que tu remarques?

 Tu retiens.

écoute!	n'écoute pas!
regarde!	ne regarde pas!
cherche!	ne cherche pas!
parle!	ne parle pas!

écoutez!	n'écoutez pas!
regardez!	ne regardez pas!
cherchez!	ne cherchez pas!
parlez!	ne parlez pas!

 Tu prépares des cartes   avec des ordres et tu joues avec des camarades de la classe.

Ville de Montesson

MENU

ÉCOLE MUNICIPALE
3 CHEMIN DES CHAMPS PIROUYS
MONTESSON

SEMAINE DU GOÛT
la bonne cuisine française

DÉJEUNER	LUNDI	MARDI	JEUDI	VENDREDI
Entrée	pamplemousse	quiche **lorraine**	concombre à la crème	moules du **Nord**
Plat de résistance	pot au feu de bœuf	lapin chasseur	poulet **basquaise**	truite sauce **Nantua**
Légumes	carottes, poireaux	champignons de **Paris**	ratatouille **provençale**	endives braisées
Féculents	pommes de terre	pâtes	riz de **Camargue**	gratin **dauphinois**
Fromage	fromage	fromage	fromage	fromage
Dessert	crème à la vanille	mousse au chocolat	crêpe **bretonne**	tarte aux pommes
GOÛTER	pain au chocolat	brioche **vendéenne**	gâteau de **Savoie**	bretzel **alsacien**

Activités

À la cantine : le festin du chef !

    1. Tu regardes, tu écoutes et tu cherches. Qui aime quoi ?
Qu'est-ce que tu remarques avec AIMER ?

Et toi, c'est pareil ? Qu'est-ce que tu aimes ? Tu manges à la cantine ? Quels jours de la semaine ?

 Tu retiens.

un citron **des** citrons   le piment **les** piments   la salade **les** salades

un poireau **des** poireau<u>x</u>   une carotte **des** carottes

 2. Tu prépares des cartes « Entrée » , « Plat » , « Légumes » ,
« Dessert » . Tu joues avec des camarades de la classe.

Solution : Hervé, qui a du coulis de framboise sur les mains. Il a dû mettre les notes dans la poche de sa veste en suivant Guy Merlin hors de la cuisine.

Activités

    1. Tu écoutes encore « Vol à la Tour d'or », tu regardes les vignettes et tu remets en ordre l'histoire.

| A | B | C | D | E |

Quel est le bon ordre?

1	A	D	B	C	E
2	A	B	E	D	C
3	E	D	B	A	C

Tu joues l'histoire avec des camarade de la classe.

   2. Tu regardes les vignettes 1, 2 et 6 page 28. Tu écoutes et tu cherches : à qui parle Omniberge ? Que dit-il ? Qu'est-ce que tu remarques ?

 Tu retiens.

Et dans ta langue, c'est pareil ?

Question : Être ou ne pas être ?

    3. Tu écoutes, tu regardes et tu cherches les bonnes vignettes.

Il **est** ruiné !

Je **suis** cuisinier.

Elle **est** à côté du four.

Tu **es** cuisinier ?

Nous **sommes** cuisiniers.

Ils **sont** dans la cuisine.

Elles **sont** dans la salle.

Vous **êtes** célèbre.

 Tu prépares des cartes avec des questions et ÊTRE.
Tu joues avec des camarades.

Vous **êtes** célèbres.

la semaine du dessert

Lundi matin, l'entrée, le plat et le dessert
Sont passés chez moi
Pour venir prendre un verre
Comme j'étais parti
Le dessert a dit
« Puisque c'est ainsi nous reviendrons mardi ! »

Mardi matin…

Fruits et légumes râpés !

Bonjour, je suis Charlotte, j'aime les carottes !
Salut, moi c'est Julie, j'aime les radis !
Moi c'est Gaspard, j'aime les épinards !
Et moi Thibault, j'aime les abricots !
Salut, c'est Nicolas, j'aime les ananas !
Bonjour, je suis Manon, j'aime le citron !
Coucou, c'est Marilou, j'adore le chou !
Et moi, Tristan, je déteste le piment !!!

Babou aime les bonbons
Viviane aime la vanille
Benoît aime les bananes
Et vous Victor, que voulez-vous ?

Boîte à trucs

Boîte à nombres

21 22 23 24 25 26 27 28 29 30

31 32 33 34 35 36 37 38 39 40

Boîte à mots

LUNDI   MARDI   MERCREDI   JEUDI   VENDREDI   SAMEDI   DIMANCHE

LUNE   MARS   MERCURE   JUPITER   VENUS   SATURNE   TERRE

ENTRÉES   PLATS   LÉGUMES   FROMAGES & DESSERTS

ENTRÉES : CONCOMBRES, MOULES, QUICHE, TOMATES

PLATS : CÔTELETTES, OEUFS À LA CRÈME, POISSON AU FOUR, POULET AU CITRON

LÉGUMES : ARTICHAUT, CAROTTE, ENDIVE, POIREAU, POMMES DE TERRE, SALADE, RIZ, PÂTES

FROMAGES & DESSERTS : FROMAGES, ANANAS, DESSERTS, BANANE, ORANGE, RAISIN, POMME, TARTE, BRIOCHE, CRÈME VANILLE, CRÊPES

Boîte à phrases

EXPRIMER SES GOÛTS

? Est-ce que tu aimes l'aïkido ?

+ Non, je n'aime pas ! C'est embêtant !

? Tu aimes les gâteaux ?

+ Ah ! J'aime pas ! Je préfère les fruits.

? Qu'est-ce que tu aimes ?

+ J'aime les légumes. J'adore le riz avec les tomates. Hum… C'est bon !

Jeu

SUIS-JE UN ANANAS ?

DÉPART

| 40 | 1 | 2 | 3 | ! | 4 | 5 ? | 6 | ! | 7 | 8 ? | ! | 9 | 10 |

Entrée — Entrée — Quiche lorraine — Soufflés — Entrée

Plat — Plat — Poisson — Bœuf — Plat

Dessert — Gâteau — Pommes de terre — Dessert

Légumes — Champignons — Pommes de terre carottes — Légumes

39	11
38	12
37	?13?
!	14
?36?	!
35	15
!	16
34	!
33	17
?32?	?18?
!	!
31	19
30	29 28? 27 ! 26 25 24 ! 23 22? ! 21	20

À toi de jouer !

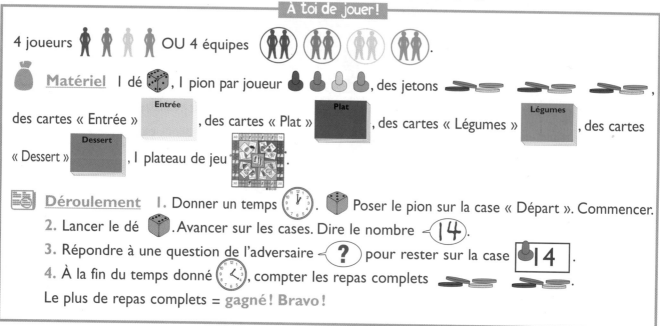

4 joueurs OU 4 équipes.

Matériel 1 dé, 1 pion par joueur, des jetons, des cartes « Entrée », des cartes « Plat », des cartes « Légumes », des cartes « Dessert », 1 plateau de jeu.

Déroulement 1. Donner un temps. Poser le pion sur la case « Départ ». Commencer.

2. Lancer le dé. Avancer sur les cases. Dire le nombre 14.

3. Répondre à une question de l'adversaire ? pour rester sur la case 14.

4. À la fin du temps donné, compter les repas complets.

Le plus de repas complets = **gagné ! Bravo !**

Dossier 4

Nos amis les animaux

MUSÉUM NATIONAL D'HISTOIRE NATURELLE

Grande Galerie de l'Évolution

Jardin des Plantes
36, rue Geoffroy Saint-Hilaire Paris Ve • www.mnhn.fr/evolution

Photo : Dimitri Tolstoï. Rénovation architecturale : P. Chénéac et B. Huidobro, scénographie : R. Allio.

FÉVRIER

JANVIER

1. Tu écoutes encore « Un après-midi au Louvre ». Tu regardes les vignettes et tu remets en ordre l'histoire. Quel est le bon ordre? Choisis-le dans la grille.

A

B

C

D

E

F

G

1	G	C	D	E	F	B	A
2	G	B	E	D	F	C	A
3	G	C	E	D	F	B	A

2. Tu regardes les vignettes 3, page 34, et 8, page 11 (dossier 2). Tu écoutes. Qui ne comprend pas?

Qu'est-ce qu'il dit? Qu'est-ce qu'elle dit?

Tu joues avec des camarades de la classe pour demander des explications.

Chats cherchent souris!

sur · en haut

derrière

à côté / à gauche

à l'intérieur

dans

à côté / à droite

sous

en bas · devant

Activités

Masculin et féminin cherchent féminin et masculin !

4. Tu regardes la scène 1 à l'Unesco. Tu te souviens ? Tu regardes la scène 2 et tu écoutes. Qui cherche qui ? Qu'est-ce que tu remarques ?

 Tu retiens.

un garçon **russe**	une fille **russe**
un **immense** musée	une **immense** statue
un garçon **espagnol**	une fille **espagnole**
un **vrai** chat	une **vraie** souris
un garçon **français**	une fille **française**
un **grand** garçon	une **grande** fille
un garçon **égyptien**	une fille **égyptienne**
il est **beau**	elle est **belle**

Et toi, comment es-tu ? Tu es de quelle nationalité ?

SAUVONS LES ANIMAUX !

SAUVONS Les OURS

SAUVONS LES CIGOGNES

SAUVONS Les LOUPs

Sauvons les Animaux

Sauvons les CIGOGNES

SAUVONS LES OURS !

SAUVONS LES LOUPS !

SAUVONS Les LOUPS

SAUVONS LES CIGOGNES !

SAUVONS LES CHOUETTES !

Activités

Les animaux menacés en France

1. Tu regardes et tu écoutes. Tu cherches où habitent les animaux.
Comment sont-ils ? Que mangent-ils ?

Et dans ton pays, y a-t-il des animaux menacés ? Quel animal ? Quels animaux ?
Tu prépares des fiches sur les animaux. Tu peux regarder dans la boîte à trucs, page 31.

C'est à moi, c'est mon animal

2. Tu écoutes, tu regardes et tu cherches les bonnes images.

Et toi, as-tu des animaux ? Quel animal ? Quels animaux ?

Tu retiens.

J'ai des animaux : mon oiseau, ma tortue, mes poissons. C'est à moi, Karim !

Oui, tu as des animaux, Caroline : ton chien, ta chatte, tes ours. C'est à toi !

Elle a aussi son père, sa mère et ses frères et sœurs.
C'est à elle !
Et ils ont tous des lunettes !!!!

Activités

1. Tu écoutes encore « La Fable de la cigale et du corbeau ». Tu regardes les douze vignettes de la BD. Tu cherches les bonnes vignettes pour :

- le problème du corbeau,
- le problème de la cigale,
- l'idée pour régler les problèmes,
- le piège,
- la fin du problème.

Et dans ta langue, dans ton pays, il y a aussi des fables ?

2. Qui parle ? À qui ? De qui ? Avec quoi ?
Tu écoutes et tu cherches la bonne série de bulles pour chaque scène.

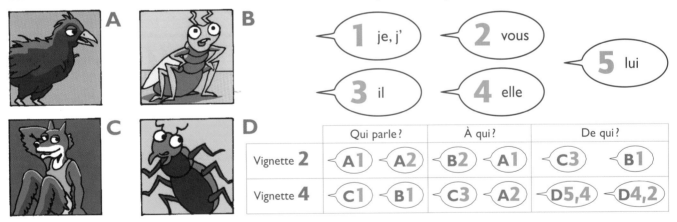

	Qui parle ?		À qui ?		De qui ?	
Vignette 2	A1	A2	B2	A1	C3	B1
Vignette 4	C1	B1	C3	A2	D5,4	D4,2

3. Tu regardes et tu écoutes. Qu'est-ce que tu remarques ?

UN **ÉLÉPHANT** QUI SE BALANÇAIT

Un éléphant qui se balançait
Sur une toile, toile, toile d'araignée.
Il trouvait cet air tellement, tellement amusant
Que soudain boum ! ba da boum !

Tu donnes ta langue au chat ?

La nuit, tous les chats sont gris

Elle ne fait pas de mal
à une mouche.

EXPRESSIONS

Il fait un froid de canard !

Ils ont une faim de loup

Un chasseur sachant chasser sait chasser sans son chien.

Récréason

Un poisson marron sur un éléphant blanc c'est un éléphon blanc sur un poiphan marron

Boîte à trucs

Boîte à nombres

41 42 43 44 45 46 47 48 49 50
51 52 53 54 55 57 58 59 60
56

Boîte à mots

ANIMAL

araignée ● canard ● cigale ● cigogne ● chat ● chouette ● cochon d'Inde ● corbeau ● éléphant ●

fourmi ● grenouille ● lièvre ● mouche ● mouton ● poisson ● oiseau ● ours ● renard ● souris ● tortue…

DESCRIPTION
- Taille
- Couleur
- Nombre de pattes

grand/**grande** ● gros/**grosse** ● petit/**petite**…
blanc/**blanche** ● gris/**grise** ● noir/**noire**…

HABITAT
- Région
- Lieu

à côté de ● dans ● en ● dans ● en haut ●
en bas ● sous ● sur…
arbre ● **forêt** ● **montagne** ● toit…

NOURRITURE

Boîte à phrases

DEMANDER DES EXPLICATIONS

? Comment? Pardon?

? Qu'est-ce que tu dis? Qu'est-ce que vous dites?

? Comment on dit…?

? Tu peux répéter, s'il te plaît? Vous pouvez répéter, s'il vous plaît?

? Qu'est-ce qu'il y a sur ta fiche? Qu'est-ce qu'il y a sur votre fiche?

+ Je ne comprends pas!

+ Je ne sais pas!

+ J'ai une question…

LE JEU « SAUVONS LES ANIMAUX »

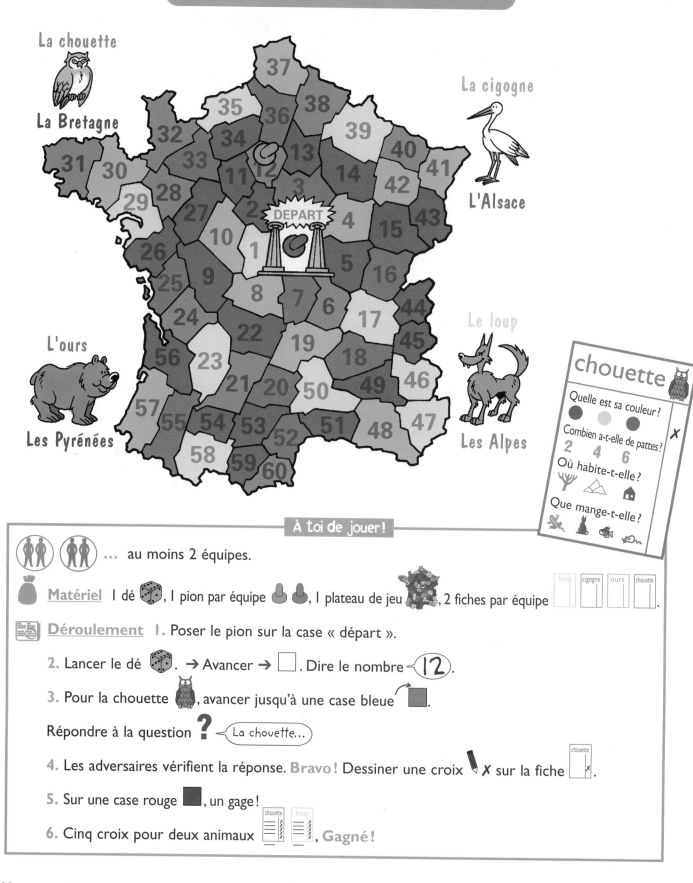

La chouette — La Bretagne

La cigogne — L'Alsace

L'ours — Les Pyrénées

Le loup — Les Alpes

chouette

Quelle est sa couleur ?

Combien a-t-elle de pattes ? 2 4 6 X

Où habite-t-elle ?

Que mange-t-elle ?

À toi de jouer !

... au moins 2 équipes.

Matériel 1 dé, 1 pion par équipe, 1 plateau de jeu, 2 fiches par équipe — loup, cigogne, ours, chouette.

Déroulement 1. Poser le pion sur la case « départ ».

2. Lancer le dé. → Avancer → ☐. Dire le nombre ⟨12⟩.

3. Pour la chouette, avancer jusqu'à une case bleue ↱. Répondre à la question **?** ⟨La chouette...⟩

4. Les adversaires vérifient la réponse. **Bravo !** Dessiner une croix **X** sur la fiche.

5. Sur une case rouge, un gage !

6. Cinq croix pour deux animaux, **Gagné !**

Dossier 5

1...2...3...À vos marques. Prêts ? Partez !

Charlotte à Paris
L'anniversaire sportif

Activités

1. Tu écoutes encore « l'anniversaire sportif ». Tu cherches pages 46 et 47 : à quel moment Luce est-elle contente ? À quel moment n'est-elle pas contente ?

Pourquoi ?... Parce que...

2. Tu expliques pourquoi Luce est si contente ou pourquoi elle n'est pas contente. Tu choisis une vignette (A, B...) et un dessin (1, 2...) pour expliquer.

A

B

C

1

2

3

D

E

4

5

6

F

G

H

Tu joues les mêmes scènes avec des camarades de la classe : tu attends des cadeaux et tu as autre chose !

Activités

Comment interroger ?

3. Tu écoutes, tu regardes et tu cherches l'erreur. Qu'est-ce que tu remarques ?

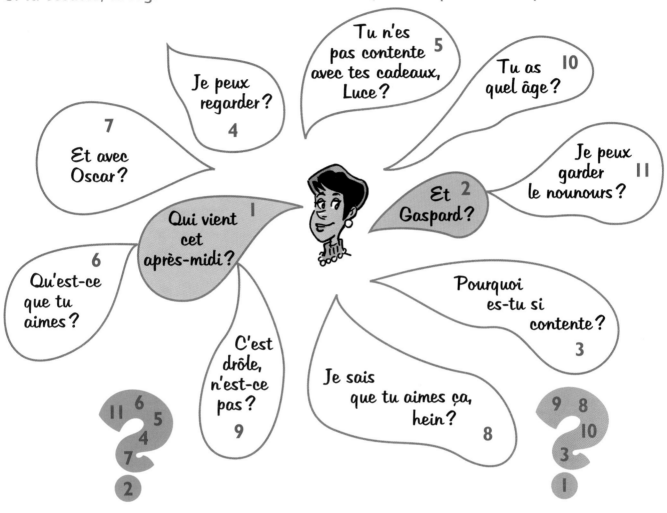

Tu n'es pas contente avec tes cadeaux, Luce ? **5**

Tu as quel âge ? **10**

Je peux regarder ? **4**

Et avec Oscar ? **7**

Je peux garder le nounours ? **11**

Et Gaspard ? **2**

Qui vient cet après-midi ? **1**

Qu'est-ce que tu aimes ? **6**

Pourquoi es-tu si contente ? **3**

C'est drôle, n'est-ce pas ? **9**

Je sais que tu aimes ça, hein ? **8**

Et dans ta langue, c'est pareil ?

À la télévision, il y a de la gymnastique... du foot !

4. Tu regardes et tu écoutes.

le football

la gymnastique

la boxe

le tennis

le judo

l'aïkido

 Tu retiens.

le football	**du** football
l'aïkido	⚠ **de l'**aïkido
la gymnastique	**de la** gymnastique

LA PASSION DE L'ESCRIME

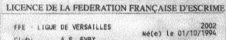

LICENCE DE LA FEDERATION FRANÇAISE D'ESCRIME

FFE - LIGUE DE VERSAILLES   2002
Né(e) le 01/10/1994
Club: A.S. EVRY
Nom: AKNIN
Prénom: TRISTAN PABLO
Code personnel (6304)

Le Président de la FFE
P. ABRIC

LE TITULAIRE

« **De tous les sports,
je préfère l'escrime.** »

- Cette licence n'autorise la pratique de l'escrime qu'avec l'agrément d'un médecin (voir au dos)
- Le titulaire s'engage à ne pas se doper et à accepter tout contrôle.

LICENCE 2002

**FEDERATION FRANÇAISE
D'ESCRIME**

« **Vite, il faut toucher
la poitrine ou les épaules.** »

« **Je fais souvent
des compétitions.** »

ESCRIME

Laura Flessel visait l'or
L'épéiste Laura Flessel n'a gagné que la médaille de bronze à l'épée, dimanche. Elle avait remporté l'or aux **JO** d'Atlanta en 1996.

« **Heu... Pas la tête,
pas les bras.** »

Activités

1. Tu écoutes encore le reportage et tu cherches la bonne réponse dans le tableau 1, 2, 3 ou 4 pour gagner à l'escrime.

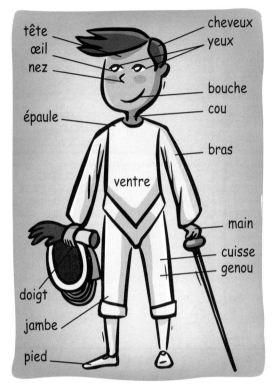

tête
œil
nez
cheveux
yeux
bouche
cou
épaule
bras
ventre
main
cuisse
genou
doigt
jambe
pied

Pour gagner, il faut toucher :

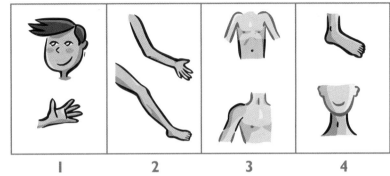

| 1 | 2 | 3 | 4 |

2. Jeu : « Tristan Pablo a dit... ». Tu lèves la main quand c'est vrai.

Il faut

être	**avoir**	**être**	**avoir**	**travailler**	**protéger**
rapide !	un casque !	bon joueur !	peur !	avec les jambes !	la tête avec un gant !

Et pour le foot, qu'est-ce qu'il faut ?

 Tu retiens.

Nous avons la coupe !   Aïe… le bras !   Aïe… la jambe !

On a une coupe !   J'ai mal **au** bras !   J'ai mal **à la** jambe !
on = nous

Tu prépares des fiches sur les sports. Tu peux regarder « la boîte à trucs » page 55.

1. Tu te souviens de ***Comment interroger ?*** page 49. Tu écoutes et tu cherches :
dans quel point d'interrogation est le numéro 3 ? et le numéro 7 ? et les autres ?
Qu'est-ce que tu remarques ?

Et dans la bande dessinée « La Momie » page 52, quelles interrogations entends-tu ?
Où peux-tu les classer ?

2. Tu te souviens de AIMER page 25 ? Tu regardes les logos des consignes.
Qu'est-ce que tu remarques ?

regarder   chercher   parler   écouter

 Tu retiens.

Je regarde, cherche, parle   **J'**écoute ⚠
Tu regardes, cherches, parles, écoutes
Il, elle regarde, cherche, parle, écoute
    On regarde, cherche, parle, écoute

Nous regardons, cherchons, parlons, écoutons
Vous regardez, cherchez, parlez, écoutez
Ils, elles regardent, cherchent, écoutent

Tu prépares des fiches sur les sports.

Spectacle

LES MAINS EN AVANT!

Les mains en avant! (ter)
Et tic et tac et tic et tac et tic et tac hein, hein !
> Les bras vers le haut! (ter)
> Les mains en avant!
> *Et tic et tac et tic et tac et tic et tac hein, hein !*

Le dos en arrière! (ter)
Les bras vers le haut!
Les mains en avant!
Et tic et tac et tic et tac et tic et tac hein, hein !

> Les genoux pliés! (ter)
> Le dos en arrière!
> Les bras vers le haut!
> Les mains en avant!
> *Et tic et tac et tic et tac hein, hein !*

Les pieds en dedans! (ter)
Les genoux pliés!
Le dos en arrière!
Les bras vers le haut!
Les mains en avant!
Et tic et tac et tic et tac et tic et tac hein, hein !

RIEN NE VA !

J'ai l'bras droit qu'est plus droit
J'ai l'pied gauche qui s'déchausse
J'ai le coude, qui se dé-soude
Sur la tête, des bandelettes

> Mon ballon n'est plus rond
> Ma raquette n'est pas nette
> Mon épée, toute cassée
> Rien n'va plus, j'suis foutu!

Boîte à trucs

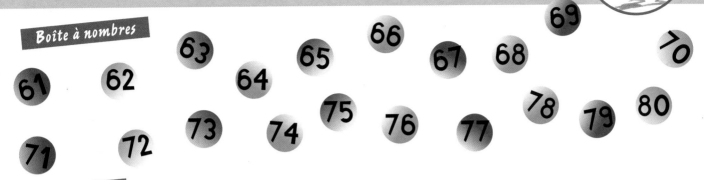

61   62   63   64   65   66   67   68   69   70

71   72   73   74   75   76   77   78   79   80

Boîte à mots

QUEL SPORT ?

aïkido • athlétisme • basket • **boxe** • **course** • cyclisme •
escrime • football • **gymnastique** • judo • **natation** •
pétanque • rugby • ski • tennis…

QUI ?

adversaire • champion • coureur • **équipe** • joueur…

QUOI ?
- **Matériel**
- **Équipement**

balle • **ballon** • but • casque • **chaussure** • **épée** • gant •
maillot • panier • patin • **raquette** • short • ski • vélo…

OÙ ?

arrivée • court de tennis • **départ** • gymnase • **ligne** • **piscine** •
podium • **route** • **salle** • stade • terrain…

COMMENT ?
- **Mouvements**

arriver • attraper • avancer • chercher • commencer • continuer •
descendre • entrer • gagner • jouer • marquer • mettre • monter •
(se) pencher • placer • plier • plonger • prendre • protéger • reculer •
regarder • rencontrer • sauter • sortir • taper • trouver • travailler…

avant • avec • vite…

- **Parties du corps**

bouche • bras • cheveu • cou • **cuisse** • doigt • dos • **épaule** • genou •
main • nez • œil (yeux) • oreille • pied • **poitrine** • tête • ventre…

Boîte à phrases

COMMENT INTERROGER ?

? Tu joues à la pétanque ? Qui gagne ?

? Qu'est-ce qu'un podium ?

? Qu'est-ce que vous lancez ? la balle ou la raquette ?

? Est-ce que nous jouons dimanche ? Où jouons-nous ?
Dans quel stade ?

? Pourquoi j'aime l'escrime ?

+ Parce qu'il faut être rapide.

? Combien de points il faut gagner ? Combien de points
faut-il gagner ?

? Comment il marque ?
Comment marque-t-il ?

? Quand arrivent-elles sur la ligne
d'arrivée ?
Elles arrivent quand sur la ligne
d'arrivée ?

? Avec quoi on joue au tennis ?
Avec quelle balle ?

? Regardes-tu l'athlétisme
à la télévision ?

Jeu

LE JEU DES SPORTS

Joueur A

J'aime jouer au football.

Joueur B

Case 60... Quel sport aimes-tu?

	Football	*Tennis*	*Escrime*	*Vélo*
Quel sport aimes-tu?	✗ 60	61	62	63
Avec quoi joues-tu? (matériel)	✗ 64	◯ 65	66	67
Où joues-tu? (lieu)	✗ 73	74	◯ 75	76
Comment joues-tu? (partie corps + mouvement)	✗ 77	78	79	◯ 80

À toi de jouer !

2 équipes de joueurs  .

🎒 **Matériel** I grille , I crayon 🖊 par joueur.

📋 **Déroulement**

I. Joueur A 🧍 : demander le numéro de la case à l'adversaire — Quelle case...?

Joueur B 🧍 : répondre — Je voudrais la case...

2. Joueur A 🧍 : poser la question — Avec quoi...? . Joueur B 🧍 : répondre — ...

Bravo ! Joueur B, dessiner un rond sur la case .

3. Joueur B 🧍 : poser une question — ... . Joueur A 🧍 : répondre — Je voudrais...

Bravo ! Joueur A, dessiner une croix sur la case .

Pour gagner, il faut aligner 4 ronds ●●●● ou 4 croix ✗✗✗✗. Il ne faut pas laisser l'adversaire gagner ✗●●●.

4 cases avec 4 croix, **bravo !** Relier les cases . **Gagné !** Maintenant, parler et tout redire — J'aime jouer au... pour...

Dossier 6

Attention au départ !

MAI

JUIN

Faites le plein de vraie nature

BALADE EN AUVERGNE...
A travers 14 sites du Cantal
retrouvez
authenticité
et qualité

Maison de la Ronade, Salers

Château d'Auzers

L'escargot du Coucoulet

Les Burons de Salers

Poterie de Fleurac

Restaurant du col d'Aulac

L'Espace Avèze

Vedettes panoramiques

Miellerie de la Haute-Auvergne

Musée de la Foudre

Musée de Mauriac / Expositions

Atelier de tissage et jardin

Le Gentiane Express

Insectes du Monde

les Perles vertes
Réseau de VILLES
ETAPES de PAYS
• Issoire • Saint-Flour • Marvejols •
• Millau • Lodève • Pézenas •

Activités

1. Où se passe l'histoire de « Bonjour l'Auvergne ! » ?

À Paris.

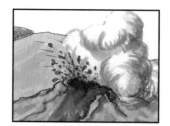

En Auvergne.

2. Tu écoutes, tu regardes le calendrier et tu cherches.

LE MOIS DE MAI

CLASSE DE DÉCOUVERTE (12–24)

1	J	Férié
2	V	
3	S	
4	D	Férié
5	L	
6	M	
7	M	
8	J	Férié
9	V	
10	S	
11	D	Férié
12	L	**Départ**
13	M	
14	M	**Promenades**
15	J	
16	V	**Volcans**
17	S	
18	D	**Promenades**
19	L	
20	M	**Promenades**
21	M	**Clermont-Ferrand**
22	J	**Promenades**
23	V	
24	S	**Retour**
25	D	Férié
26	L	
27	M	
28	M	
29	J	Férié
30	V	
31	S	

Quand parlent Luce et Charlotte ?
Qu'est-ce qu'elles disent ?

De quels jours parle Oscar ?
Qu'est-ce qu'il dit ?

Quand monsieur Lindet parle-t-il du départ ?
Qu'est-ce qu'il dit ? C'est quel jour ?

Gaspard et Luce parlent de Zaza.
Qu'est-ce qu'ils disent ? Que se passe-t-il pour la chatte d'Oscar ?

Que dit monsieur Lindet à la fin de l'histoire ?
Que se passe-t-il ?

Qu'est-ce que tu remarques ? Et dans ta langue, c'est pareil ?
Tu joues les mêmes scènes avec des camarades de la classe.

3. Quel est le bon ordre : 1, 2, 3, 4 , 2, 4, 1, 3 ou 2, 1, 4, 3 ? Pourquoi ?

NOUS ALLONS PARTIR DANS CINQ MINUTES !

2

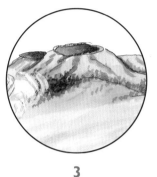

3

LA PAUVRE CHATTE ! ELLE VA RESTER DANS LE SAC PENDANT TOUT LE VOYAGE !

ELLE VA ÉCOUTER DE LA MUSIQUE AVEC NOUS !

1

ON PART LES ENFANTS !

AU REVOIR PARIS !

BONJOUR L'AUVERGNE !

4

4. Tu écoutes, tu regardes et tu cherches la bonne solution : A, B, C, F / E, B , D, C, E, A / B, F ou D, C, E, B / A, F .

A

B

PROMOSTOCK

C

D

Bla, bla, bla...

E

F

Tu retiens.

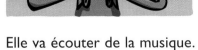

Elle va écouter de la musique.

Elle écoute de la musique.

À nous les volcans!

En Auvergne, il y a beaucoup de volcans.

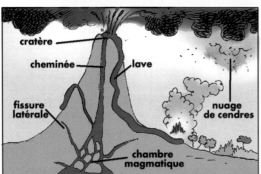

cratère
cheminée
lave
fissure latérale
nuage de cendres
chambre magmatique

À Aurillac, il y a un musée des volcans.

Je veux être vulcanologue!

À l'île de La Réunion...

... la lave tombe dans la mer et l'île grandit.

La Soufrière, à La Guadeloupe.